AF465570

MINISTÈRE DES TRAVAUX PUBLICS

COMMISSION SUPÉRIEURE

POUR

L'AMÉNAGEMENT ET L'UTILISATION

DES EAUX

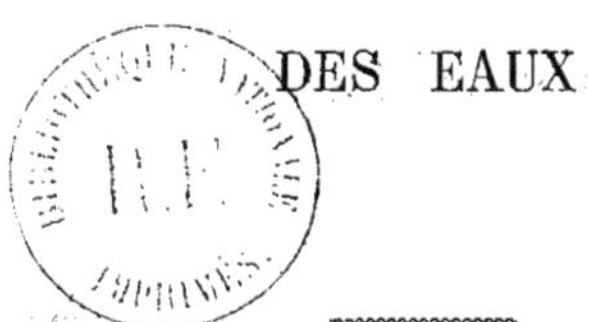

DEUXIÈME SOUS-COMMISSION

1

PARIS
IMPRIMERIE CENTRALE DES CHEMINS DE FER
A. CHAIX ET Cie
RUE BERGÈRE, 20, PRÈS DU BOULEVARD MONTMARTRE
1879

RAPPORT

PRÉSENTÉ A LA COMMISSION SUPÉRIEURE

PAR

LA 2e SOUS-COMMISSION (1) CHARGÉE D'ÉTUDIER

LES QUESTIONS

RELATIVES

A L'ALIMENTATION DES VILLES EN EAU POTABLE

ET

AUX EAUX D'ÉGOUT

PREMIÈRE PARTIE

ALIMENTATION DES COMMUNES

Paris, le 1er Février 1879.

MESSIEURS,

La Sous-Commission que vous avez chargée d'étudier les questions relatives à l'alimentation des villes en eau potable et aux eaux d'égout, a terminé la première partie de sa

(1) Cette sous-commission est composée comme il suit :

MM. Magnin, sénateur, *Président;* Alphand, directeur des Travaux de la ville de Paris, *Vice-Président, chargé de défendre le projet de la sous-commission;* Sadi-Carnot, sous-secrétaire d'État aux Travaux publics; les sous-secrétaires d'État aux ministères de l'Instruction publique, de l'Intérieur et de la Justice; Paris, *Sénateur;* Scheurer-Kestner, *Sénateur;* Baron Haussmann, *Député;* Thomson, *Député;* Plichon, *Député, Président du Conseil général du Nord;* Lauth, *membre du Conseil municipal de Paris:* Chevreul, *membre de l'Institut;* Dumas, *membre de l'Institut;* Marchant, *directeur de la Compagnie des Eaux;* Ozenne, *secrétaire général au ministère de l'Agriculture et du Commerce;* Marié-Davy, *directeur de l'Observatoire de Montsouris;* Porlier, *ancien directeur de l'Agriculture;* Schlœsing, *directeur de l'École d'application des Tabacs;* Docteur Gübler, *Président du Congrès d'hygiène;* G. Ville, *Professeur au Muséum*; Hachette, *Auditeur au conseil d'État, secrétaire, chargé de la rédaction du rapport.*

tâche et elle a l'honneur de soumettre à votre examen, résumées sous forme de résolutions, les dispositions essentielles qui lui ont paru de nature à répondre au programme tracé par M. le Ministre des Travaux publics, et à concilier les divers intérêts engagés dans la question de l'alimentation des villes.

Parmi ces dispositions, les unes devront, si elles reçoivent votre approbation, prendre corps dans une loi; les autres, portant sur des objets qui sont renfermés dans les limites du pouvoir réglementaire, pourront revêtir la forme de décrets rendus en conseil d'État; quelques-unes enfin seront mieux à leur place dans de simples instructions émanant des services compétents. Votre Sous-Commission, Messieurs, a pensé qu'il ne lui appartenait pas de faire elle-même ce départ et que sa seule mission était, après avoir examiné les besoins des villes et s'être rendu compte des entraves que la législation ou la jurisprudence actuelle oppose à la satisfaction de ces besoins, de vous signaler les moyens de lever les obstacles, en armant les villes de pouvoirs suffisants, tout en assurant aux intérêts privés les garanties que réclame le respect dû à la propriété et aux droits légitimement acquis.

Dans cet ordre d'idées, la Sous-Commission devait tout d'abord passer en revue les divers procédés que les municipalités ont à leur disposition, pour assurer l'alimentation en eau potable des habitants : car avant de proposer des modifications à la législation en vigueur, avant de créer des obligations et des droits nouveaux, il fallait s'assurer que ces innovations correspondaient à des besoins réels, à des nécessités révélées d'une façon indiscutable par la science comme par la pratique.

Votre Sous-Commission, Messieurs, a été singulièrement aidée et éclairée, dans cette première phase de ses travaux, par les études approfondies dont ce sujet a été l'objet depuis longues années de la part de l'administration de la ville de Paris : car, si l'œuvre à laquelle vous a conviés M. le Ministre des Travaux publics présente un caractère d'utilité générale, et si ses bienfaits doivent s'étendre à toutes les agglomérations d'habitants, il est certain que Paris peut servir de ville type, car nulle part l'importance du chiffre de la population et les exigences de l'édilité ne rendent plus éclatants les besoins et les difficultés.

Dans un mémoire adressé au Conseil municipal de Paris, à la date du 16 juillet 1858, M. le Préfet de la Seine s'exprimait ainsi : « Fournir en abondance de l'eau salubre aux » diverses parties d'une grande ville et l'y distribuer avec » régularité, jusque sur les points culminants, est un si » inappréciable bienfait que les travaux accomplis dans ce » dessein comptent parmi les actes considérables des souve- » rains les plus glorieux et tiennent une place durable dans » la mémoire des hommes.

» La plupart des grandes villes sont nées sur les bords » d'un fleuve; les premiers habitants puisaient dans le cou- » rant même l'eau qui leur était nécessaire ; ceux qui, venus » plus tard, durent construire leurs maisons loin des rives, » ont, à défaut de sources locales, ouvert par des puits » les nappes souterraines qui s'épanchent presque toujours » dans le fond des vallées, à peu de distance du sol. Mais » bientôt, la ville grandissant encore, les derniers arrivants » n'ont pu bâtir qu'à la circonférence, sur des points de » plus en plus élevés, où la couche aquifère ne se rencon- » trait qu'à des profondeurs croissantes. D'ailleurs, l'agglo- » mération même des habitants corrompait les puits et souil- » lait le fleuve, tandis que les progrès de la civilisation » multipliaient les usages de l'eau. *On a recherché alors, pour » les détourner vers la cité puissante, les sources des environs et, » de proche en proche, les eaux lointaines. Telle est l'histoire des » villes les plus anciennes et les plus célèbres.* »

Nous avons tenu, Messieurs, à placer ces quelques lignes sous vos yeux : car elles résument, mieux que nous ne saurions le faire, les considérations qui ont amené, après un sérieux examen, l'unanimité des membres de votre deuxième Sous-Commission à reconnaître la vérité de ce principe, que la dérivation des sources vives est, pour les villes, le seul moyen de procurer à la population des eaux destinées aux usages domestiques et réunissant les qualités indispensables à cette destination : salubrité, limpidité et fraîcheur constante.

La Sous-Commission n'est d'ailleurs arrivée à cette conclusion qu'après avoir examiné si les municipalités ne pourraient pas rendre les eaux des fleuves ou rivières qui les traversent, propres aux usages domestiques, en leur faisant subir certains traitements de nature à les purifier. La Sous-Commission n'ignorait pas en effet que toutes les fois que la question de l'alimentation des villes a été abordée, une opinion s'est fait jour qui tendait à présenter les procédés mécaniques, machines à vapeur ou machines hydrauliques, comme les moyens les plus efficaces et les plus économiques de fournir aux habitants des grands centres traversés par des fleuves ou rivières, l'eau qui leur est nécessaire. Cette opinion, pour prendre l'exemple de Paris, s'appuie sur cette idée, que la Seine roule en toutes saisons des volumes d'eau considérables et qu'il semble dès lors plus naturel, en faisant appel au secours des inventions de la science moderne, de puiser à cette source féconde et intarissable l'eau que Paris doit consommer, au lieu d'aller chercher au loin des eaux que le fleuve se charge d'apporter lui-même jusque dans les murs de la ville.

Ici encore, Messieurs, votre Sous-Commission s'est inspirée des motifs qui avaient fait rejeter l'adoption d'un pareil système d'alimentation, lors de l'élaboration des projets de la ville de Paris. On a alors remarqué en effet que les eaux de la Seine ou de ses affluents ne réalisent pas les conditions essentielles à l'eau destinée à l'alimentation des individus et aux usages domestiques: « Si ces eaux ne contiennent aucune » substance minérale, insalubre ou incommode, elles sont tou- » jours chargées, même au-dessus de Paris, de matières orga- » niques, végétales ou animales, dans une assez forte pro- » portion. Durant l'été, l'eau est chaude, et l'hiver elle entre » presque glacée dans les conduites, sur lesquelles les » changements de température exercent une nuisible influence. » Pendant les trois quarts de l'année, elle est trouble ou » louche, et elle ne peut être bue sans filtrage préalable, » même lorsqu'elle paraît limpide.

» Le filtrage lui-même rend à l'eau sa limpidité, mais il » ne dégage pas les substances hétérogènes qui y sont dis- » soutes et il n'en peut changer la température; la pratique » en grand du filtrage, appliquée à l'eau d'un fleuve aussi

» limoneux que la Seine, est d'un succès au moins douteux. »

Il convient d'ajouter que le filtrage en grand entraînerait la création d'immenses bassins, dont la dépense augmenterait encore les frais résultant de l'établissement des machines, du combustible et de la main-d'œuvre nécessaires, sans que d'ailleurs le but poursuivi fût atteint : car Paris ne recevrait qu'une eau médiocrement pure et claire, toujours chaude en été et glacée en hiver.

Se détachant du cas particulier de la ville de Paris, et généralisant la question, votre Sous-Commission, Messieurs, a été frappée de la situation des villes éloignées de tout cours d'eau et ne pouvant s'alimenter qu'au moyen des eaux de sources dérivées. Une autre hypothèse devait encore être envisagée. Les cours d'eau peuvent, par leur composition chimique normale ou accidentelle, devenir impropres aux usages domestiques. Pour prendre un exemple, des villages qui deviennent des villes, des usines isolées qui deviennent des cités industrielles, peuvent, à un moment donné, rejeter en amont des prises d'eau des déjections de toutes sortes qui, malgré les mesures prises pour les rendre inoffensives, rendront les eaux de qualité douteuse ou tout au moins suspecte.

Tous ces motifs, Messieurs, ont déterminé votre Sous-Commission à penser que le meilleur mode d'alimentation en eau potable, celui qui s'impose aux villes, est la dérivation de sources salubres, abondantes, suffisamment élevées pour rendre la distribution possible dans tous les quartiers, à tous les étages de toutes les maisons.

Cependant, Messieurs, votre Sous-Commission, désireuse de limiter les obligations des communes à la satisfaction des besoins révélés par la science et l'expérience, a examiné la question de savoir si le système de la dérivation, proposé comme solution absolue et unique, ne constituerait pas une exagération. Elle a recherché les diverses affectations que reçoit le volume total d'eau consommé par une commune, et elle s'est demandé si toutes exigeaient les conditions que réunissent seules, suivant elle, les eaux de sources dérivées.

Les éléments d'appréciation, dans cette question, leur ont été fournis par les documents statistiques de l'administration de la ville de Paris.

En effet, le volume d'eau actuellement dépensé à Paris, pour les usages privés et publics, atteint par jour le chiffre de 354,035^{m3}, qui se répartissent de la façon suivante :

Service des voies publiques, arrosage et lavage.	108.718^{m3}
Service des promenades et bois	35.880
Fontaines monumentales	40.530
Services des établissements publics de l'État, du département, de la Ville et des hospices. . . .	30.350
Fontaines de puisage : Wallace et bornes à repoussoir.	8.291
Services divers.	4.800
Services payés ou privés	125.466
Total.	354.035^{m3}

Il ressort de cet aperçu que sur les 354,000^{m3} consommés à Paris, un volume de 160,000^{m3} environ est employé à l'alimentation et aux usages domestiques, le surplus de l'eau dépensée étant affecté aux services publics. Or, il semble que, pour ce dernier usage la question de pureté, de limpidité ou de température n'ayant qu'une minime importance, les eaux courantes ou les eaux pluviales emmagasinées pourraient utilement fournir la quantité nécessaire au lavage des égouts, à l'arrosage des voies publiques, à l'entretien des promenades, etc.

Ce point, Messieurs, a quelque temps arrêté votre Sous-Commission : sans doute, l'accord s'est promptement établi sur ce principe, que l'emploi de l'eau de sources n'est indispensable que pour l'usage des personnes et que les autres besoins peuvent sans inconvénient être satisfaits au moyen de procédés divers, tels que prises d'eau dans les fleuves, utilisation des eaux pluviales, etc...; mais ne fallait-il pas prévoir aussi le cas où ces différents procédés seraient inapplicables? Telle contrée, par exemple, n'est arrosée que par des cours d'eau torrentiels qui tarissent précisément dans la saison chaude, alors que l'usage d'eaux abondantes prend pour les villes de cette région un caractère plus impérieux. N'y aurait-il pas, dans ce cas, en dehors de l'alimentation des personnes, un intérêt de salubrité et d'assainissement qui imposerait aux villes l'obligation d'emprunter à des sources éloignées la quantité d'eau devenue indispensable à leur édilité?

D'un autre coté, la dérivation des sources érigée en système a pour conséquence le droit, pour les villes, d'exproprier, en l'absence d'un accord avec les propriétaires, les terrains où jaillissent ces sources. Or, s'il est légitime d'imposer des sacrifices aux intérêts privés en vue d'un intérêt général d'un ordre aussi élevé que la santé publique, alors qu'il s'agit de préserver les populations de l'éclosion ou de la contagion de maladies dont les eaux des fleuves ou rivières employées comme boisson peuvent être la cause déterminante ou devenir le véhicule, le droit d'expropriation pourrait-il se justifier de la même manière, s'il devait permettre à une municipalité de priver toute une contrée des eaux saines qui l'alimentent, afin de pourvoir à tous les besoins de son édilité, ceux-ci n'eussent-ils qu'un caractère purement somptuaire?

A ces diverses questions, Messieurs, votre Sous-Commission a répondu en établissant les principes suivants :

1° Les besoins d'une édilité luxueuse ne peuvent, en règle générale, justifier la dérivation d'une source;

2° Les services publics peuvent, la plupart du temps, être alimentés par des moyens autres que la dérivation des sources : les municipalités ne doivent donc pourvoir à ces services à l'aide d'eaux dérivées qu'en cas d'absolue nécessité, et encore appartiendra-t-il à l'administration de prendre, dans ce cas, toutes les mesures propres à concilier les exigences de l'intérêt public et le respect dû à la propriété ainsi qu'aux droits qui en découlent.

La Sous-Commission s'est d'ailleurs inspirée, dans cet ordre d'idées, du projet préparé par le Service des Travaux de la ville de Paris qui, dans une note récente, relative aux mesures à soumettre au Conseil municipal en vue d'augmenter le volume d'eau disponible, appuie ses propositions, tendant à établir une double canalisation, sur la nécessité de distinguer entre les eaux affectées à l'usage des personnes et celles qui doivent être utilisées pour les services publics : les premières devant être empruntées aux sources, les autres pouvant être puisées dans la Seine par des machines à vapeur ou à l'aide de tous autres moyens mécaniques.

Sans doute l'exécution d'une double canalisation entraîne de grandes dépenses et peu de villes ont à leur disposition des ressources suffisantes pour entreprendre une œuvre aussi dispendieuse. Mais il ne faut pas oublier que l'importance des services publics est proportionnée au chiffre de la population, et que, d'une part, pour les communes comptant un nombre relativement faible d'habitants, la question de l'alimentation en eau ne se présentera qu'au point de vue de l'usage des personnes, et que, d'autre part, pour les grands centres, où la question d'édilité joue un rôle sérieux, les considérations financières s'effaceront devant l'intérêt public, et l'étendue de leurs facultés pécuniaires ou la puissance de leur crédit leur permettra de donner au problème la solution la plus logique et la plus satisfaisante, c'est-à-dire d'établir une double canalisation.

Après avoir ainsi posé théoriquement le principe de la nécessité d'amener dans les villes les eaux de sources dérivées, après avoir fixé l'emploi et la destination de ces eaux, votre Sous-Commission, Messieurs, n'a pas voulu laisser dans l'ombre les conséquences que pourraient avoir, sur le régime des eaux en France, le détournement des sources au profit des centres de population. Le souvenir des réclamations qui se sont élevées contre la ville de Paris, à l'occasion de la dérivation de la Dhuys et de la Vanne, est encore trop récent; les plaintes qui se sont fait entendre, au nom de l'agriculture et de l'industrie, ont trop occupé l'opinion publique pour que votre Sous-Commission n'ait pas cru de son devoir de pénétrer jusqu'au cœur de la question, en examinant attentivement toutes ses faces et en l'étudiant au point de vue économique, après l'avoir résolue au point de vue de la salubrité publique.

La pensée qui a présidé à l'institution de la Commission supérieure des eaux, le titre même qui lui a été conféré, rappelait à votre Sous-Commission que si les termes de votre délégation restreignaient son champ d'étude à certaines questions relatives au rôle de l'eau dans les villes, d'autres sous-commissions siégeaient à côté d'elle, dont la mission était d'examiner les moyens de vulgariser l'irrigation en en facilitant l'application, de développer l'emploi des forces hydrauliques, en un mot d'examiner la question des eaux considérées comme agent de fertilisation pour l'agriculture ou comme force productrice pour l'industrie.

L'intérêt des villes, quelque puissant qu'il puisse être, ne saurait prévaloir contre les besoins de l'agriculture et de l'industrie, ces deux sources de la richesse nationale, et votre Sous-Commission a tenu, avant de formuler ses résolutions, à se rendre compte des exigences respectives de l'alimentation des habitants d'une ville, de l'irrigation, de l'emploi de l'eau comme force motrice, afin d'apprécier au moins approximativement dans quelle mesure il était possible de concilier ces diverses exigences. Elle a pris comme base d'appréciation les observations suivantes :

Établissant une distinction entre Paris, les villes comptant 25,000 habitants et au-dessus, celles qui ont une population de 5 à 25,000, et les communes ayant moins de 5,000 habitants, elle a admis que les besoins de la consommation pouvaient être théoriquement évalués ainsi qu'il suit :

	CONSOMMATION PAR HABITANT		
	PRIVÉE	PUBLIQUE	TOTALE
Paris.	80 litres	120 litres	200 litres
Grandes villes de 25,000 hab. et au-dessus.	70 —	80 —	150 —
Villes de 5,000 hab. à 25,000 hab	60 —	40 —	100 —
Communes de moins de 5,000 hab.. . .	40 —	10 —	50 —

D'autre part, Messieurs, l'irrigation exige en moyenne $0^m,75$ à la seconde par hectare, soit 60 mètres cubes par jour.

Enfin, la force d'un cheval est équivalente, pour l'établissement des usines hydrauliques, à un débit de 100 litres à la seconde tombant d'une hauteur de 1 mètre.

Il résulte de ces chiffres que si on compare entre elles les diverses affectations que peut recevoir le volume d'eau débité par une source, on trouve que la quantité d'eau consacrée à l'alimentation des habitants d'une ville de 1,000 âmes, et à l'assainissement des voies publiques dans la même ville, constitue un infiniment petit par rapport à l'eau agricole ou industrielle.

En effet, l'alimentation de 1,000 habitants n'exige que la quantité d'eau nécessaire à l'arrosage d'un hectare, et l'assainissement d'une ville de 1,000 habitants exige dix fois moins d'eau que la création d'un cheval hydraulique. En d'autres termes, un volume de 100 mètres cubes suffit à l'alimentation de 1,000 habitants et cet emploi de l'eau ne soustrait à l'irrigation qu'un hectare de terre, à l'industrie qu'un dixième de cheval.

La Sous-Commission a été non moins frappée, Messieurs, du résultat comparatif que l'on obtient en transformant en valeur vénale une même quantité d'eau suivant la destination qu'elle reçoit.

Si l'on suppose, par exemple, le tarif établi pour une ville de 20,000 habitants, à raison de 100 francs par an, par mètre cube d'eau distribuée chaque jour, chaque habitant paiera une somme de 10 francs qui sera la représentation de l'utilité que lui procure l'eau distribuée.

Soit, d'autre part, 50 francs le taux moyen de la redevance annuelle pour l'arrosage d'un hectare et 200 francs la valeur locative annuelle du cheval de force ; on arrive à cette conclusion que l'eau distribuée à 1,000 habitants rapporte 10.000 fr.
que cette même quantité d'eau employée en irrigation ne produirait que. . . . . 50 fr.
et qu'utilisée comme force motrice elle ne donne qu'un produit de. . . . . 20 fr.

Sans s'attacher à discuter l'exactitude des chiffres adoptés comme base du calcul et tout en laissant à celui de ses membres qui était l'auteur du travail la responsabilité de ses conclusions, la Sous-Commission a puisé dans cet aperçu statistique la conviction qu'il était possible d'assurer aux habitants des villes une alimentation en eau de sources, sans compromettre aucun intérêt sérieux, et qu'une intelligente répartition des eaux du territoire permettrait toujours de concilier les impérieuses exigences de la santé et de la salubrité publiques avec les besoins de l'agriculture et de l'industrie.

Ainsi fixée sur le principe de la dérivation des eaux de sources, édifiée sur la portée qu'il convenait de donner à son application et rassurée sur les conséquences qu'il pouvait entraîner, la Sous-Commission a abordé l'étude des différentes mesures à édicter, afin d'assurer aux municipalités les moyens d'atteindre le but poursuivi.

Il lui a paru tout d'abord indispensable d'appeler à participer aux bénéfices des dispositions à intervenir toutes les agglomérations d'habitants, quelle que fût leur importance : car, en dehors du chiffre de population, des circonstances d'ordre différent et que la pratique peut seule révéler imposeront parfois à la plus petite commune l'obligation de dériver une source pour satisfaire aux besoins de la consommation des personnes. C'est en considération de cette hypothèse que la Sous-Commission a cru devoir substituer au mot ville, qui pourrait être interprété dans un sens exclusif, l'expression *commune,* dans l'intitulé du projet de résolution qui vous est soumis.

Dérivation des sources. Expropriation.

L'article 1er de ce projet consacre au profit des communes le droit d'exproprier les sources dont les eaux sont nécessaires aux usages de leurs habitants.

La Sous-Commission n'ignorait pas que ce droit n'avait nul besoin d'être inscrit dans un texte formel et nouveau pour devenir indiscutable ; elle savait en effet que la déclaration d'utilité publique est pleinement justifiée, lorsqu'elle intervient à l'effet de pourvoir aux besoins d'un service public, quelle que soit d'ailleurs l'importance ou la nature des besoins collectifs que ce service public est chargé de satisfaire ; mais dans toutes les enquêtes ouvertes à l'occasion des projets de dérivations, dans les dires des opposants, et dans les délibérations des corps électifs, l'administration a pu constater que ce principe n'est pas admis sans conteste, et votre Sous-Commission a pensé qu'il pouvait y avoir avantage à déclarer nettement applicables aux travaux ayant pour objet l'alimentation d'une commune en eau potable, la déclaration d'utilité publique et l'expropriation qui en découle.

Les termes de l'article 1er rappellent d'ailleurs à quelle nature de besoins doit être limitée son application : ils n'autorisent en effet, en principe, une commune à exproprier une source qu'en vue de pourvoir aux usages des personnes.

Réduite à cette portée, la disposition de l'article 1er était sans doute à l'abri de toute critique. Mais était-elle de nature à résoudre la question dans tous les cas ? Assurément le système des deux canalisations empruntant leurs eaux, l'une aux fleuves ou rivières, l'autre aux sources vives, réalise le mode idéal de distribution. Mais cette double canalisation, l'établissement de machines élévatoires, la création de réservoirs entraînent de grandes dépenses qui ne sont pas à la portée de toutes les communes; d'autre part, telle hypothèse pourra se présenter où les services publics ne pourront être alimentés que par des eaux de sources, sans parler même du cas où ce mode d'alimentation se recommanderait par l'économie à réaliser.

C'est sous le bénéfice de ces observations que votre Sous-Commission vous propose, Messieurs, de compléter l'article 1er par la disposition inscrite à l'article 11, *in fine*, et qui a pour but de permettre aux communes de se procurer par voie d'expropriation l'eau destinée à des besoins autres que l'usage des personnes, à la condition que « *par des restitutions ou compen-* » *sations suffisantes, satisfaction soit laissée aux besoins des usagers* » *actuels.* »

Instruction. — Enquête

Les articles 3 et 4 ont pour objet de déterminer le rôle de l'administration et la procédure à suivre.

Votre Sous-Commission, Messieurs, a cherché à réunir toutes les mesures qui lui paraissaient de nature à constituer de sérieuses garanties pour les intérêts privés et à mettre en garde les municipalités contre les projets trop rapidement conçus et insuffisamment étudiés.

L'enquête du titre 1er de la loi du 3 mai 1841 ne sera autorisée qu'après l'accomplissement de formalités qui correspondent aux divers points de vue à examiner en pareille matière :

1° L'affectation que la commune réserve aux eaux dérivées est-elle de nature à légitimer l'expropriation ?

2° La qualité des eaux désignées répond-elle aux conditions que réclame leur destination ?

3° Le projet présente-t-il, dans la partie technique, des garanties de succès ?

En un mot, le projet est-il justifié, son exécution est-elle nécessaire et possible? Telles sont les questions qui devront fixer l'attention du Ministre compétent. Celui-ci d'ailleurs sera édifié sur le point de fait, sur les détails locaux, par les résultats de l'instruction administrative sommaire confiée aux préfets dans les départements; il sera éclairé par un avis du Conseil supérieur d'hygiène, sur la composition chimique des eaux, sur les inconvénients et les avantages de l'entreprise au point de vue de la santé publique ; il sera instruit enfin par une délibération du Conseil général des Ponts et Chaussées, sur les conditions topographiques et les détails techniques de l'opération. Il pourra dès lors statuer en connaissance de cause sur l'opportunité de la mise à l'enquête, comme sur l'étendue qu'il convient de lui donner.

Déclaration d'utilité publique.

A la suite de l'enquête, ainsi préparée, intervient l'acte déclaratif d'utilité publique. Ce point est réglé par l'article 11. Sans préjuger la question de savoir à quelle autorité il appartiendrait de déclarer l'utilité publique, votre Sous-Commission, Messieurs, s'est uniquement préoccupée de faciliter la tâche des communes en s'efforçant de prévenir les difficultés et les procès.

Les dispositions de l'article 11 tendent en effet à préciser à l'avance les droits et les obligations respectifs des communes intéressées, et le paragraphe final, dont nous vous avons déjà entretenu, à l'occasion de l'article 1er, complète la pensée de la Sous-Commission, en prévoyant le cas spécial où le projet comprendrait un volume d'eau à dériver supérieur aux quantités que réclame l'usage des personnes.

L'acte déclaratif d'utilité publique peut encore, dans certaines circonstances, porter sur un autre objet.

L'article 7 indique en effet que cet acte fixera les cas exceptionnels où il y aura lieu d'accorder des indemnités pour dommages indirects résultant de la dérivation des eaux de sources, et devra déterminer la nature, l'étendue, le mode et l'époque de la constatation de ces dommages.

Messieurs, pour expliquer la pensée qui a inspiré cette disposition, il est nécessaire de jeter un coup d'œil rapide sur l'état actuel de la législation et de la jurisprudence, en ce qui concerne la propriété des sources et les servitudes qui la grèvent, afin d'envisager ensuite les conséquences que peut entraîner pour les particuliers usagers des eaux de sources, la dérivation de ces eaux au profit d'une commune.

Tout le droit sur la matière peut se résumer par ces mots : une règle et deux exceptions, l'une reposant sur des considérations d'intérêt privé, l'autre offrant un caractère d'intérêt public.

La règle est celle-ci :

Celui qui a une source dans son fonds peut en user à sa volonté (art. 641 C. C.).

Cette disposition n'est d'ailleurs qu'une application du principe général énoncé à l'article 552 C.C.: « La propriété du sol emporte la propriété du dessus et du dessous. » De sorte que le propriétaire du fonds est, en règle générale, propriétaire de la source au même titre que de tous les éléments qui constituent le sol.

Il suit de là qu'il peut disposer de la source dans le sens le plus large du mot, conformément aux dispositions de l'article 544 C.C., ainsi conçu :« La propriété est le droit de jouir des choses de la façon la plus absolue. » Libre d'employer les eaux à l'usage qui lui convient, il est maître de leur direction ; il peut par des travaux souterrains les perdre dans l'intérieur des terres ou les laisser se creuser un lit naturel les conduisant sur les fonds inférieurs qui sont alors tenus de les recevoir (art. 640. C. C.).

Il peut, s'il possède un fonds séparé de l'endroit où jaillit la source par des héritages intermédiaires, y conduire les eaux et y exercer, dans sa plénitude, son droit de propriété. Sans doute, sous le régime du code, un arrangement devait nécessairement intervenir entre le propriétaire de la source et les propriétaires des fonds intermédiaires sur lesquels devaient être établis les aqueducs ; en l'absence d'une entente, le droit du propriétaire de la source se trouvait paralysé; Mais la loi du 29 avril 1845 lui a donné le droit d'aqueduc, à charge seulement d'une juste et préalable indemnité.

Le propriétaire de la source peut concéder le droit à l'eau, le transmettre à titre onéreux ou gratuit. Enfin, comme conséquence naturelle du droit de propriété, il peut faire faire dans son fonds des recherches, des fouilles et autres travaux à l'effet de découvrir ou de capter les eaux, et cela sans qu'il soit obligé de payer aucune indemnité aux propriétaires des fonds voisins dont les puits et sources se trouveraient taris ou diminués dans leur débit par l'exécution de ces travaux.

Telle est, exposée à grands traits, la règle qui régit la propriété des sources avec les conséquences qui en découlent en principe.

Une première restriction au droit du propriétaire de la source, fondée sur un motif d'intérêt privé, résulte du fait que le propriétaire du fonds inférieur aurait acquis, par titre ou par prescription, un droit à l'usage de l'eau. Cette exception résulte de l'article 641 C. C., *in fine*, et de l'article 642 C. C.

L'acquisition par titre n'est que la conséquence du principe général que le propriétaire de la source peut disposer des eaux à son gré.

Quant à la prescription, elle est ici subordonnée à des règles particulières précisées dans l'article 642 C. C. La prescription, dans ce cas, ne peut s'acquérir que par une jouissance non interrompue pendant l'espace de 30 années, à compter du moment où le propriétaire du fond inférieur a fait et terminé les ouvrages apparents destinés à faciliter la chute et le cours de l'eau dans sa propriété.

Ainsi la jouissance doit durer 30 ans; elle ne court utilement qu'à partir du moment où les travaux sont terminés; elle doit être continue; les ouvrages doivent être permanents : c'est là, en effet, une conséquence du caractère de continuité exigée par la loi; les travaux doivent de plus être apparents, par application du principe qui veut que la possession, pour conduire à la prescription, soit publique. Il faut encore que les travaux aient été exécutés par le propriétaire du fonds inférieur dans l'intention manifeste d'utiliser les eaux et non pas seulement pour se protéger contre les dangers ou inconvénients auxquels elles peuvent l'exposer.

Un accord complet, vous le savez, Messieurs, règne sur la nécessité de la réunion de ces conditions pour que la prescription puisse être acquise.

Un point controversé au contraire, est celui de savoir à quel endroit, sur quel fonds, doivent être exécutés les travaux. Est-ce sur le fonds inférieur ou sur le fonds supérieur? La Cour de cassation répond que les ouvrages doivent être exécutés sur le fonds supérieur, et l'argumentation qui a servi de base à la jurisprudence de la Cour suprême peut se résumer ainsi : Pour acquérir par prescription, il faut posséder la chose d'autrui et il faut que celui à l'encontre duquel on prescrit ait été mis en demeure de réclamer contre l'usurpation qui doit, dans un certain délai, transformer le fait en droit. Or, ici, le propriétaire du fonds inférieur ne possède aucun droit dérivant du fonds supérieur, et de plus le propriétaire de ce dernier ne peut s'opposer à une usurpation qui n'existe pas. (Voir les arrêts de 1858, affaire Hubie, et 1860, ville du Havre.)

Une seconde exception au droit absolu de propriété des sources est fondée sur une raison d'intérêt général. Le propriétaire de la source ne peut plus en changer le cours, lorsqu'il fournit aux habitants d'une commune, village ou hameau l'eau qui leur est nécessaire (art. 643 C. C.).

Si l'on applique, Messieurs, les règles que nous venons de rappeler au cas où une ville propriétaire d'une source en détourne le cours, pour satisfaire aux besoins de l'alimentation en eau potable de ses habitants, on arrive à ce résultat, qu'en vertu de ce principe qui veut que le propriétaire de la source soit libre d'en disposer à son gré, sauf les exceptions signalées plus haut, la ville pourra, quelle que soit la distance qui la sépare de l'endroit où jaillit la source, en amener les eaux dans ses murs, à la condition de payer une juste et préalable indemnité aux propriétaires des fonds intermédiaires pour l'établissement des aqueducs.

Sans doute, si des tiers ont acquis des droits d'usage sur les eaux dérivées, par titre ou par une prescription accomplie dans les conditions exigées par la jurisprudence de la Cour de cassation, la ville sera tenue d'exproprier les usagers; mais si la source alimentait un cours d'eau dont le débit était utilisé, soit comme force motrice, soit pour irriguer la terre, en vertu du simple droit de riveraineté, quels seront les droits de ceux qui se trouveront ainsi privés des avantages que leur procurait le cours d'eau, outroublés dans leur jouissance. Une indemnité leur est-elle due? Devant quelle juridiction peuvent-ils porter leurs réclamations?

Il faut distinguer le cas où la ville est devenue propriétaire de la source par une voie autre que l'expropriation, telle qu'une acquisition à l'amiable, une donation, un legs, etc., du cas où elle a dû avoir recours à un décret déclaratif d'utilité publique. Cette distinction paraît nécessaire tant au point de vue des droits des intéressés qu'en ce qui concerne les pouvoirs de l'autorité supérieure.

Dans la première hypothèse, les tiers qui se prétendent lésés par la dérivation d'une source peuvent :

1° S'adresser à la municipalité par la voie gracieuse, afin d'être indemnisés du dommage causé. La ville répondra ou pourra répondre que, propriétaire de la source, elle n'est tenue de payer une indemnité qu'à ceux des réclamants qui auraient acquis ou prescrit l'usage.

2° Les intéressés peuvent porter leurs réclamations devant les tribunaux civils. Mais s'ils n'invoquent pas un titre, ou s'ils n'ont pas prescrit l'usage par la construction d'ouvrages sur le fonds dont la ville est propriétaire, ils seront, conformément à la jurisprudence de la Cour de cassation, déboutés des fins de leur demande.

3° Ils peuvent, en s'appuyant sur l'article 4 de la loi du 28 pluviôse an VIII, réclamer, devant la juridiction administrative, la réparation d'un dommage résultant de travaux publics. Ce recours échouera encore : en effet, les droits de propriété et de servitudes sont placés sous la sauvegarde des tribunaux judiciaires et les conseils de préfecture ne peuvent connaître des questions qui s'y rapportent. Saisi d'une demande en indemnité pour trouble dans la jouissance des eaux, le juge administratif devra surseoir à statuer et renvoyer devant le tribunal civil pour y être jugée la double question préjudicielle de savoir :

1° Si les réclamants ont droit à la jouissance des eaux;

2° Si la ville peut, en raison de sa qualité de propriétaire de la source, détourner les eaux sans payer une seule indemnité.

Cette règle de compétence a été mise en lumière notamment par deux arrêts du Conseil, en date l'un du 10 mars 1864 (commune de Salemagne), l'autre du 9 avril 1865 (ville de Nevers).

Comme cela ressort nettement des conclusions de M. le commissaire du gouvernement de L'Hôpital, dans cette dernière affaire, le résultat sera, en définitive, le même pour les réclamants que si les tribunaux judiciaires avaient été tout d'abord saisis : car la question du droit à indemnité sera tranchée par eux, et lorsque l'affaire reviendra devant le juge administratif, celui-ci ne pourra que prononcer le rejet d'une demande déclarée non fondée par la juridiction compétente.

Une autre hypothèse doit être prévue : La ville a eu recours à l'expropriation pour acquérir la propriété de la source. Quelles sont dans ce cas, les garanties accordées à ceux qui jouissaient, en qualité de riverains, de l'usage des eaux ?

Ceux-ci peuvent tenter d'intervenir devant le jury ; mais, dans ce cas encore, la ville ne manquera pas d'opposer à leurs demandes son droit de propriété, et le jury devra se borner à fixer une indemnité hypothétique. L'affaire sera renvoyée aux tribunaux judiciaires qui repousseront la demande en indemnité, par ce motif que les réclamants n'invoquent aucun droit acquis dans les conditions de l'article 642.

Si les intéressés s'adressent au Conseil de Préfecture, le résultat sera le même ; et leur demande sera rejetée par ce motif que la juridiction administrative n'est compétente pour statuer sur les indemnités à allouer, en cas de dommages résultant de travaux publics, qu'en ce qui concerne les préjudices qui ne sont pas de nature à être réparés par les décisions du jury d'expropriation ; qu'ainsi, les réclamants n'ayant pas saisi le jury dans les délais prévus par l'article 21 de la loi du 3 mai 1841, ils sont déchus de tout droit. (Voir arrêt Villaret contre commune de Bédarieux, rendu par le Conseil d'État, à la date du 15 avril 1868, sur les conclusions de M. Aucoc, commissaire du Gouvernement.)

En résumé, sauf le cas où les intéressés auraient exécuté des ouvrages sur le fonds où jaillit la source, leurs demandes en indemnité tomberont sous le coup de la jurisprudence de la Cour de cassation, soit qu'ils se soient adressés à l'autorité judiciaire, tribunaux ou jury, soit qu'ils aient formé leurs réclamations devant la juridiction administrative : car celle-ci, bien qu'elle ne partage pas la doctrine de la Cour suprême, est impuissante à la combattre, parce que le jugement du point de droit lui échappe, comme constituant une question préjudicielle qui doit être renvoyée aux tribunaux civils.

Telles sont, Messieurs, les conséquences rigoureuses qu'entraîne, pour les intérêts privés, l'application des principes du Code civil, étant donnés le sens et la portée que leur attribue la jurisprudence de la Cour de cassation.

Votre Sous-Commission s'est efforcée de sauvegarder, dans l'avenir, des intérêts que la loi civile ne protège pas et qui n'ont trouvé jusqu'à présent de soutien et d'appui que dans l'intervention tutélaire du Conseil d'État statuant administrativement : car, vous le savez, Messieurs, le Conseil d'Etat prend soin, lorsque les villes demandent à acquérir, par voie d'expropriation, soit les sources, soit les terrains destinés à établir les aqueducs nécessaires au détournement des eaux, de faire des réserves au profit des propriétaires usagers de ces eaux et les autorisations ne sont accordées que lorsque les villes ont pris l'engagement de leur accorder des indemnités.

Règlement des dommages.

Envisageant l'ensemble des dommages qui peuvent être occasionnés par la dérivation d'une source, et qui doivent donner lieu de la part de la commune au paiement d'une indemnité, la Sous-Commission les a classés en trois catégories :

1° Dommages résultant de la suppression des droits de servitude acquis dans les conditions indiquées par le Code civil et la jurisprudence de la Cour de cassation (art. 2.) ;

2° Dommages directs résultant de la privation de jouissance des eaux, bien que cette jouissance ne constituât pas un droit de servitude (art. 7);

3° Dommages indirects pouvant, dans certains cas exceptionnels, ouvrir le droit à indemnité (art. 8).

Après avoir établi cette base, il fallait déterminer à quelle autorité appartiendrait, suivant les cas, le réglement de l'indemnité.

Pour la première classe de dommages, la compétence du jury d'expropriation s'imposait, et votre Sous-Commission, Messieurs, vous propose de consacrer ce principe dans l'article 2, qui déclare que l'expropriation s'étendra à toutes les servitudes créées en vertu des articles 641 et 642 du Code civil.

Quant aux dommages directs autres que la suppression des droits de servitude, la Sous-Commission a considéré que leur caractère dominant était de résulter d'un travail public; que leur étendue ne saurait, la plupart du temps, être exactement appréciée qu'après l'exécution des travaux, et que dès lors il y avait lieu d'appeler les conseils de préfecture à statuer sur les indemnités que ces dommages pourraient entraîner, conformément aux principes suivis en matière de travaux publics (art 10).

Il a paru naturel d'étendre la compétence des tribunaux administratifs à la connaissance de certains dommages indirects, dans les cas visés par l'article 7, où il conviendrait d'indemniser ceux qui, sans être atteints directement par l'absorption de tout ou partie des eaux au profit d'une commune, éprouveraient un préjudice incontestable qu'il peut être équitable de réparer.

Sans doute l'article 7 constitue une grave innovation; il introduit une expression nouvelle qui correspond à un ordre d'idées jusqu'à ce jour banni de nos lois, et son application serait assurément un danger si une réglementation attentive ne devait en limiter la portée et en restreindre les conséquences. Les prétentions qui se sont fait jour dans les enquêtes, et notamment à l'occasion des projets de dérivation de la ville de Rennes, étaient de nature à prémunir votre sous-commission contre les inconvénients d'une doctrine qui, par son élasticité, serait devenue la source de contestations et de procès sans nombre, et c'est afin d'éviter ces inconvénients, qu'elle propose de s'en remettre sur ce point à l'appréciation et à la sagesse de l'autorité chargée de déclarer l'utilité publique : celle-ci en effet sera saisie de toutes les demandes en indemnité, puisque les intéressés auront dû intervenir à l'enquête (art. 8), et lorsqu'il lui apparaîtra que l'équité, sinon la justice, impose la réparation de dommages qui, pour être indirects, n'en sont pas moins certains, matériels, appréciables et dignes d'attention, elle en fera l'objet d'une mention spéciale, insérée dans la déclaration d'utilité publique et déterminant la nature, l'étendue, le mode ainsi que l'époque de la constatation de ces dommages (art. 7).

Cette manière de procéder a paru, Messieurs, sauvegarder tous les intérêts, en admettant la possibilité d'une hypothèse qui constituera sans doute une très-rare exception, mais qu'il peut être utile de prévoir, et en évitant en même temps, par des mesures restrictives, les dangers que sa généralisation ne manquerait pas d'entraîner.

Les articles 5 et 9 complètent les dispositions relatives au règlement des indemnités.

Le premier tend à assurer au jugement de l'indemnité un caractère absolu d'impartialité, en excluant du jury les habitants et les propriétaires des communes dans lesquelles aura lieu l'enquête : il ne s'agit d'ailleurs que d'une extension à donner au principe énoncé à l'article 30 de la loi du 3 mai 1841.

Le second article a pour but de mettre les communes à l'abri des réclamations qui seraient portées devant les tribunaux compétents un long temps après l'exécution des travaux, alors que les bases d'appréciation et les moyens de défense font défaut : il oblige en effet les demandeurs en indemnité à signifier leurs prétentions dans le délai d'un mois à partir de l'affichage du décret déclaratif d'utilité publique.

Règlements administratifs.

Enfin, l'article 12 contient l'indication des divers points sur lesquels devront intervenir les règlements administratifs, afin de préciser certains détails d'exécution propres à assurer le succès de l'opération et à ménager en même temps les nombreux intérêts mis en jeu par la réalisation du projet.

Telles sont en résumé, Messieurs, les principales idées que votre Sous-Commission a cru indispensable de mettre en relief, en ce qui touche la dérivation des sources, pour répondre aux nécessités qui découlent de l'obligation où se trouvent les communes, de donner satisfaction à ce besoin primordial de la vie collective, l'alimentation en eau potable des individus.

Conservation des sources dérivées.

Mais c'est peu d'édifier, il faut encore conserver, et en songeant aux frais considérables que peut entraîner pour une commune l'exécution d'un projet de dérivation, votre Sous-Commission, Messieurs, a pensé qu'il était essentiel de lui assurer le bénéfice durable des sacrifices qu'elle se serait imposés et de garantir l'œuvre, après l'avoir facilitée, en protégeant les sources dérivées contre les entreprises dommageables dont elles pourraient être l'objet de la part des propriétaires voisins. Elle a remarqué que, dans une matière différente sans doute, mais dont l'analogie est cependant éclatante, l'intérêt qui s'attache à la conservation d'une source a déterminé le législateur à organiser un système de protection, qui a reçu la sanction d'une expérience déjà longue. Convaincue d'ailleurs qu'il vaut mieux profiter du secours des lois en vigueur que d'édicter des règles nouvelles, elle a pensé qu'il serait à la fois plus simple et plus utile de se borner à étendre aux sources dérivées par les villes, les dispositions de la loi du 14 juillet 1856 sur les sources d'eau minérale et tel est le but de l'article 13 du projet de résolutions.

Dérivation des cours d'eau.

Nous n'avons envisagé, Messieurs, jusqu'à présent que le cas où la commune doit acquérir la propriété d'une source pour en amener les eaux dans ses murs. Mais il convient aussi de prévoir l'hypothèse dans laquelle, en considération de la destination des eaux, de la nature des lieux ou de tout autre motif, il y aurait avantage ou nécessité à emprunter au débit d'un cours d'eau le volume nécessaire.

Cours d'eau navigables et flottables.

Votre Sous-Commission, Messieurs, n'a pas eu à examiner le cas où la saignée ou prise d'eau serait pratiquée dans un cours d'eau navigable et flottable. En effet, le caractère de domanialité publique du lit et de la pente des eaux simplifie alors le problème et réduit la solution à une entente entre l'État et les communes. Elle s'est bornée, sous ce rapport, à consacrer et à déclarer applicable aux communes comme aux particuliers la jurisprudence établie d'un commun accord entre le Conseil d'État et le Conseil général des Ponts et Chaussées, en ce qui touche le taux de la redevance à imposer aux concessionnaires de prises d'eau sur les fleuves ou rivières navigables et flottables (art. 15), cette redevance ne devant pas être établie dans un intérêt fiscal, mais étant uniquement destinée à constater les droits de l'État.

Cours d'eau non navigables ni flottables.

Quant aux prises d'eau à établir sur les cours d'eau non navigables ni flottables, deux points, Messieurs, ont particulièrement appelé l'attention de votre Sous-Commission :

1° A quelle autorité appartient-il d'autoriser une commune à établir une prise d'eau?

2° Quels sont les effets de cette autorisation à l'égard des tiers intéressés ?

Aux termes du décret du 13 avril 1861, vous le savez, Messieurs, c'est au préfet qu'est réservé le droit de statuer sur les établissements de prises d'eau pour les fontaines publiques, dans les cours d'eau non navigables ni flottables, *sous la réserve des droits des tiers*, et d'autoriser, dans les mêmes cours d'eau, tout établissement, tel que moulin, usine, barrage, prise d'eau, etc. L'application de cette règle au cas d'une commune demandant à établir une prise d'eau, en vue de l'alimentation de ses habitants, tendrait à faire décider qu'elle doit s'adresser au préfet et que celui-ci est compétent pour délivrer l'autorisation demandée. Telle est en effet la solution qui semblait ressortir d'une décision adoptée en 1870 par la section des travaux publics du Conseil d'État.

La jurisprudence du contentieux admettait même que les préfets sont compétents pour autoriser des prises d'eau au profit des propriétaires non riverains (voir notamment arrêt du 2 mai 1861), et rien d'ailleurs ne s'opposait à ce que le même bénéfice fût assuré aux communes placées dans la même situation.

Mais, en 1872, la Commission provisoire chargée de remplacer le Conseil d'État posa une doctrine opposée et décida que la déclaration d'utilité publique était nécessaire pour autoriser un propriétaire non riverain à détourner les eaux d'un cours d'eau non navigable ni flottable de leur direction naturelle, et dans des précédents plus récents encore, on trouve l'énonciation de ce principe, que si les préfets sont compétents pour autoriser les prises d'eau sur les rivières non navigables ni flottables au profit des riverains, des décrets rendus en la forme des réglements d'administration publique sont nécessaires pour concéder à des communes non riveraines des droits qui ne leur appartiennent pas naturellement.

C'est la consécration de ce dernier état de la jurisprudence, que votre Sous-Commission vous demande, Messieurs, de prononcer, dans le premier paragraphe de l'article 14.

Quelle sera la portée, quels seront les effets juridiques de cette déclaration d'utilité publique ? Fera-t-elle par elle-même obstacle à ce que les tribunaux judiciaires, saisis d'une demande en indemnité par des riverains usagers du cours d'eau, accordent l'indemnité et prononcent en même temps la destruction des travaux que la commune aura entrepris? En un mot, alors qu'en matière d'expropriation, ce n'est point la déclaration d'utilité publique, mais bien le jugement qui fait tomber les droits des usagers et les transforme en un droit à indemnité, la déclaration d'utilité accordée à une ville pour les travaux de dérivation suffira-t-elle à dessaisir les tribunaux judiciaires et à réduire les contestations que pourraient soulever les particuliers à des questions de dommages résultant des travaux publics et entraînant, par suite, la compétence des conseils de préfecture ?

Sans vouloir approfondir cette question juridique, la Sous-Commission s'est bornée à indiquer, dans le deuxième paragraphe de l'article 14, quels devaient être, dans sa pensée, les effets de la déclaration d'utilité publique pour qu'elle intervînt utilement, vous laissant d'ailleurs, Messieurs, le soin de décider si cette disposition ne devait pas être supprimée, comme portant sur un point de droit non susceptible d'être controversé.

Telle est, Messieurs, l'économie du projet de résolutions qui vous est soumis. Le rapide examen que nous avons fait de ses dispositions n'est qu'un pâle reflet des discussions dont chacune des questions soulevées a été l'objet au sein de la Sous-Commission; mais s'il ne met pas en lumière toutes les faces du problème, il suffira du moins, nous l'espérons, à préciser les points sur lesquels votre attention devra s'arrêter, et vous reconnaîtrez, nous en avons la ferme confiance, après vous être pénétrés de l'importance du sujet, que si l'alimentation des communes en eaux salubres rend nécessaire l'introduction dans notre législation de quelques modifications, l'œuvre qui vous incombe peut être facilement réalisée, sans heurter aucun des intérêts dont vous êtes soucieux, et permettez-nous d'ajouter, Messieurs, que si quelques scrupules pouvaient subsister dans vos esprits, ils ne tarderaient pas à disparaître devant les solutions, fertiles en heureuses conséquences, que votre 2e Sous-Commission proposera bientôt de donner à la question de l'épuration et de l'utilisation des eaux d'égout.

L'auditeur au Conseil d'État,
Secrétaire de la Sous-Commission,

HACHETTE.

PROJET DE RÉSOLUTIONS

ALIMENTATION DES COMMUNES

1° — Les communes continueront à pouvoir être autorisées à exproprier les immeubles contenant superficiellement ou souterrainement les eaux nécessaires aux usages de leurs habitants.

2° — L'expropriation s'étendra à toutes les servitudes créées en vertu des articles 641 et 642 du Code civil, et les propriétaires seront tenus, en ce qui concerne ces servitudes, aux obligations résultant des articles 21 et 22 de la loi du 3 mai 1841, sur l'expropriation pour cause d'utilité publique.

3° — Les projets de dérivation dressés par les administrations municipales devront indiquer : la nature des eaux à dériver et les usages auxquels elles devront être affectées; le volume d'eau maximum qui doit être dérivé; celui qui doit être réservé pour satisfaire aux prescriptions de l'article 643 du Code civil, et , enfin, le volume d'eau que l'on compte laisser ou restituer, s'il y a lieu, aux riverains des cours d'eau recevant les sources dérivées, soit au moyen de réservoirs de compensation, soit par tous autres ouvrages.

Ces projets seront l'objet, de la part des préfets, d'une instruction administrative sommaire, qui aura notamment pour but de faire connaître les localités qui pourraient éprouver un dommage par suite de leur exécution.

4° — La mise aux enquêtes ne sera autorisée par le Ministre des Travaux publics qu'après l'accomplissement de ces formalités, sur l'avis du Comité consultatif d'hygiène publique et du Conseil général des Ponts et Chaussées.

L'autorisation du Ministre désignera les communes dans lesquelles l'enquête devra avoir lieu.

5° — Par dérogation aux dispositions de la loi du 3 mai 1841, sur l'expropriation pour cause d'utilité publique, les habitants et les propriétaires des communes dans lesquelles aura lieu l'enquête, leurs créanciers ou autres intéressés à un titre quelconque, ne pourront être appelés à faire partie du jury spécial d'expropriation qui statuera sur les indemnités à allouer par suite des travaux exécutés en vertu de la présente loi.

6° — Les communes autorisées à dériver les eaux de sources seront tenues à indemniser du dommage direct résultant de la dérivation, les propriétaires d'usines régulièrement établies ou ayant une existence légale, et les propriétaires faisant usage des eaux, au moment des enquêtes, pour l'irrigation de leurs terres, soit comme riverains, soit en vertu de la loi du 29 avril 1845 sur les irrigations, soit en exécution de la loi du 21 juin 1865 sur les syndicats.

7° — L'acte déclaratif d'utilité publique fixera les cas exceptionnels où il y aura lieu d'accorder des indemnités pour dommages indirects résultant de la dérivation des eaux de sources.

Cet acte déterminera la nature, l'étendue, le mode et l'époque de la constatation de ces dommages.

8° — Les intéressés devront intervenir à l'enquête.

9° — Toute demande en indemnité devra, à peine de déchéance, être régulièrement signifiée à la commune dérivant les eaux, dans le délai d'un mois, à dater de l'affichage de l'acte portant déclaration d'utilité publique dans les communes où l'enquête a eu lieu.

10° — Les indemnités pour dommages stipulés aux articles précédents seront réglés comme en matière de travaux publics.

11° — L'acte portant déclaration d'utilité publique déterminera : le volume d'eau maximum qui sera dérivé ; le volume d'eau qui devra être réservé aux habitants des localités que les sources alimentaient, en conformité de l'article 643 du Code civil ; le volume d'eau minimum que les communes s'engagent à restituer en temps d'étiage, soit au moyen de réservoirs de compensation, soit au moyen d'autres travaux dont elle prendrait la charge.

Les quantités d'eau expropriées par les communes ne pourront excéder celles qui sont nécessaires aux usages domestiques de leurs habitants que si, par des restitutions ou compensations suffisantes, satisfaction est laissée aux besoins des usagers actuels.

12° — Le mode d'aménagement et de distribution des eaux restituées, l'établissement et l'entretien des travaux, ainsi que la répartition des dépenses de toute nature, seront l'objet de réglements arrêtés par l'administration, les intéressés entendus.

Les intéressés pourront, à cet effet, se constituer en syndicat, sur les bases posées dans la loi du 21 juin 1865.

13° — Les dispositions de la loi du 14 juillet 1856, sur la conservation d'eaux minérales, tant au point de vue de la déclaration d'intérêt public qu'en ce qui concerne la création d'un périmètre de protection, sont applicables aux sources dérivées par les communes.

14° — Les communes ne pourront être autorisées à puiser ou à dériver les eaux des cours d'eau non navigables ni flottables, soit par voie de prise d'eau pratiquée directement, soit au moyen de filtres naturels ou artificiels, établis le long des cours d'eau, qu'en vertu d'un décret déclaratif d'utilité publique, portant en même temps, s'il y a lieu, réglement du partage des eaux entre les communes et les usagers.

La déclaration d'utilité publique aura pour effet de faire tomber les droits des usagers, moyennant une indemnité qui sera réglée dans les conditions indiquées aux articles 6, 7, 8, 9 et 10 qui précèdent.

15° — Les dérivations que les communes sont autorisées à pratiquer sur les cours d'eau navigables et flottables, continueront à ne donner lieu, au profit du Trésor, qu'à la perception d'une redevance fixe annuelle de un franc.

IMPRIMERIE CENTRALE DES CHEMINS DE FER. — A. CHAIX ET Cie, RUE BERGÈRE, 20, A PARIS. — 4039-9.

19

www.ingramcontent.com/pod-product-compliance
Ingram Content Group UK Ltd.
Pitfield, Milton Keynes, MK11 3LW, UK
UKHW012124240726
13965UKWH00005B/1951

9 782013 060301